Hallo Kurt!

1

Original: **Shun'ichi Yukimuro**
Zeichnungen: **Shizue ♡ Takanashi**

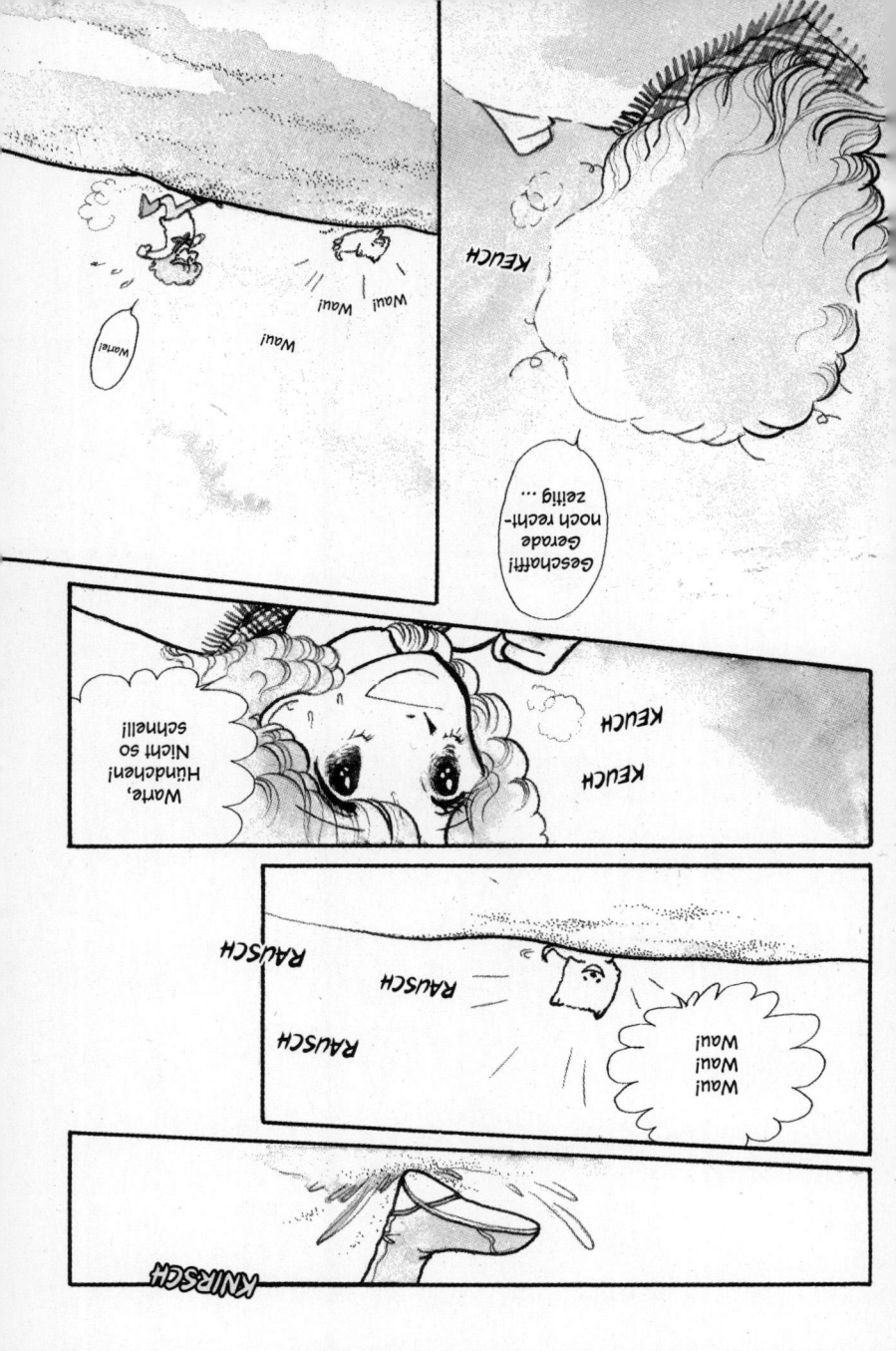

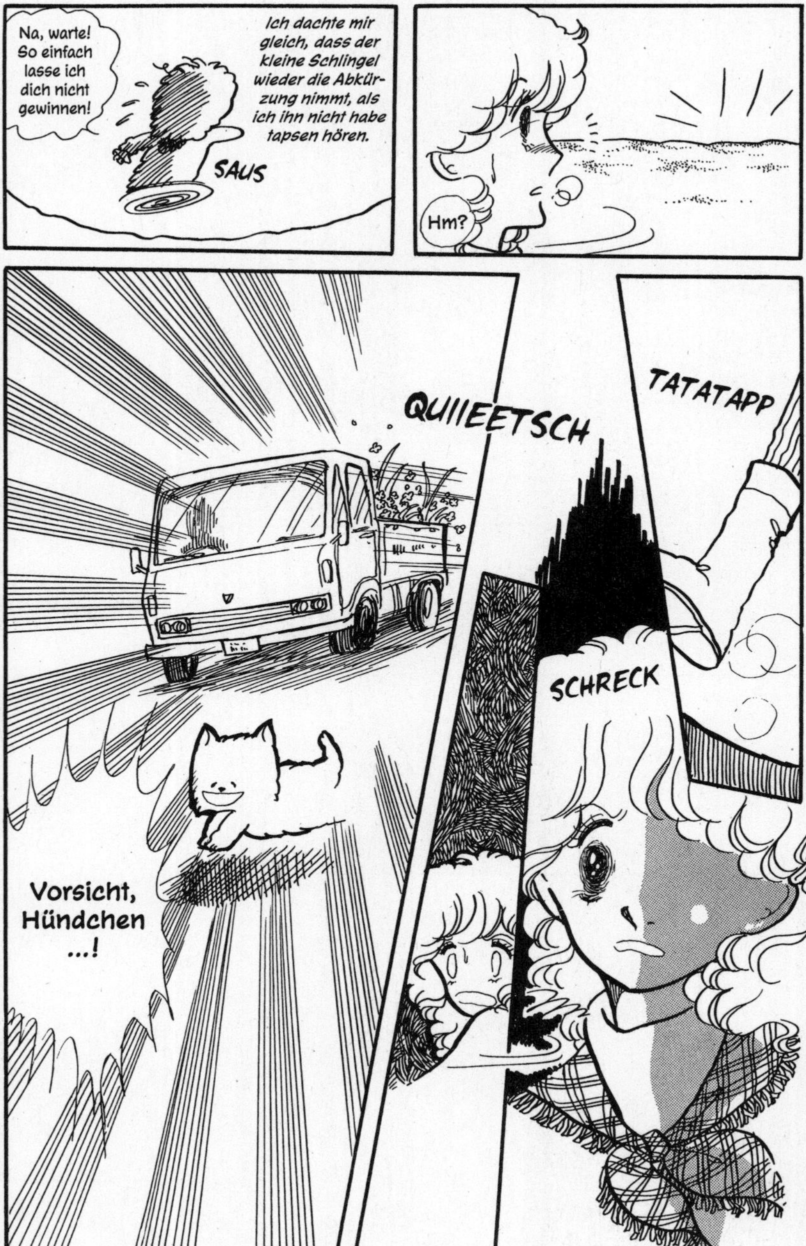

Na, warte! So einfach lasse ich dich nicht gewinnen!

SAUS

Ich dachte mir gleich, dass der kleine Schlingel wieder die Abkürzung nimmt, als ich ihn nicht habe tapsen hören.

Hm?

QUIIEETSCH

TATATAPP

SCHRECK

Vorsicht, Hündchen ...!

12

15

Mama.

Wau!

Als Papa verschwunden ist und Mama angefangen hat zu arbeiten, war ich so allein.

Die haben alle keine Ahnung, wie viel mir Hündchen bedeutet hat.

Der Einzige, der in dieser Zeit an meiner Seite war, war Hündchen. Er war immer für mich da ...

Zzz!

ZUCK

DING

DONG

Oh, Hündchen ...

16

17

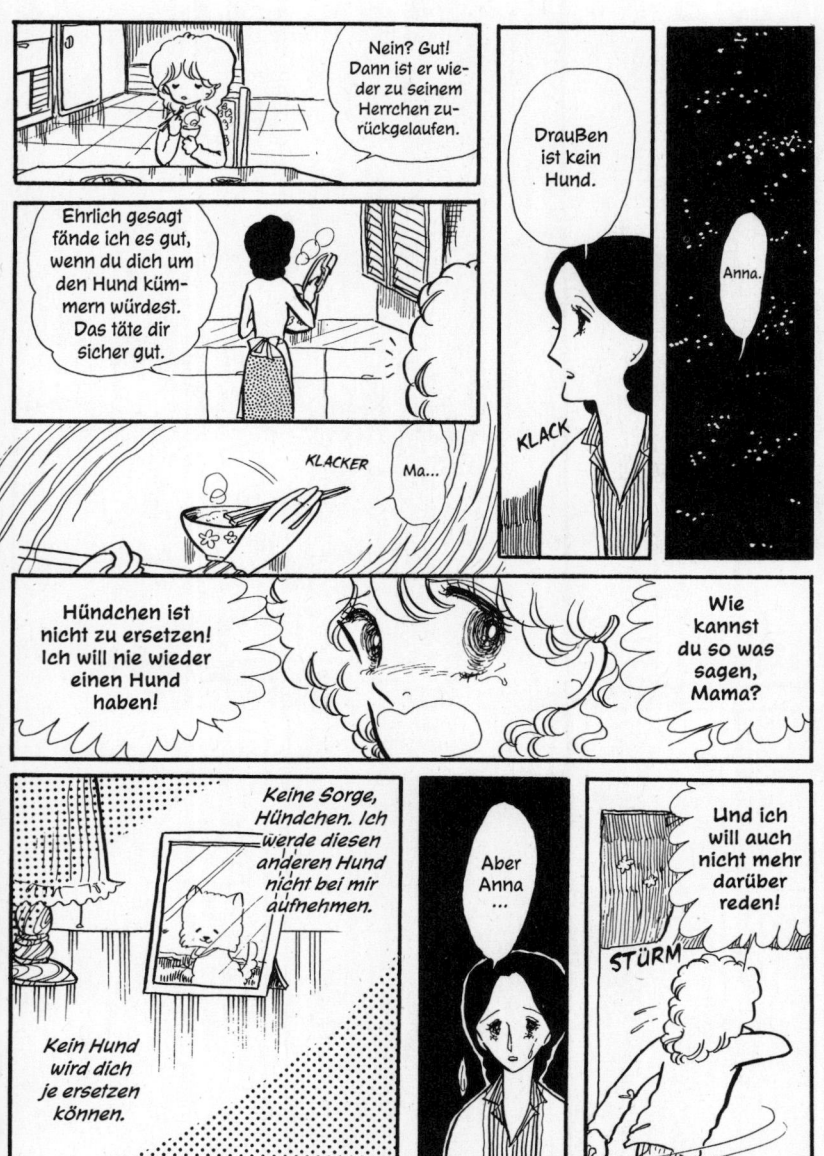

18

Mh, Hünd-chen ...

TICK

Ah ...!

TICK TACK

Ich bin zur gewohnten Gassizeit aufgewacht ...

Aber Hünd-chen ist nicht mehr da ...

Jetzt weiß ich's! Das ist bestimmt alles nur ein Traum und wenn ich aufwache, kommt Hündchen freudig mit dem Schwanz wedelnd zu mir gelaufen.

Ach, mein liebes Hünd-chen ... Ich kann nicht glauben, dass wir nie wieder zusammen spielen kön-nen ...

Wau! Wau! Wau! Wau! Wau!

RATSCH

Hündchen! Bist du das, Hündchen?!

21

STILLE

Das ist alles sehr merkwürdig ...

Nein, er ist weg ...

Ich frage mich, ob dieser Hund noch da ist.

Wau!

Okay, und Anna Martens hat sich krankgemeldet ...

Hm?

2-B

Katrin Hübner!

Hier!

Wauz! ♥

22

23

25

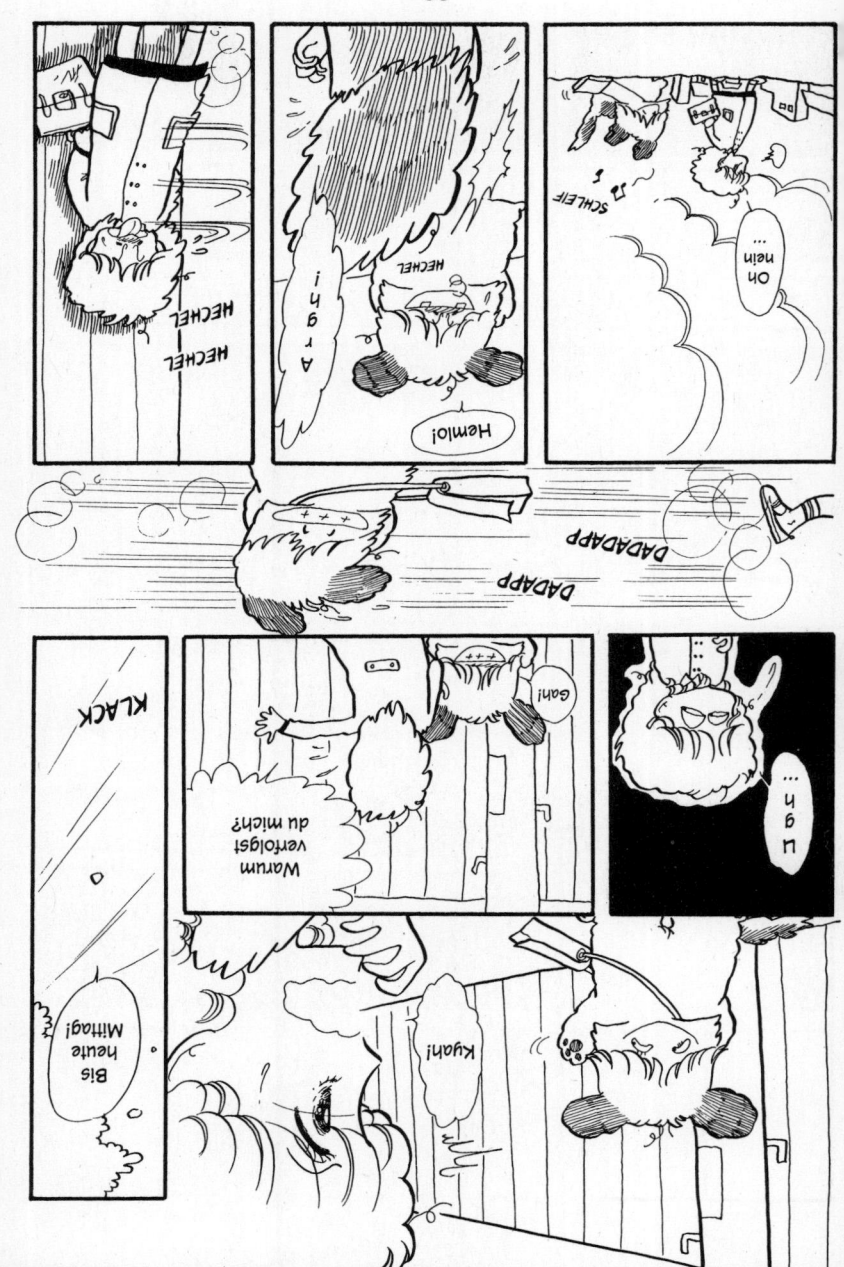

DIING
DOONG

SCHNUPPER
SCHNUPPER

Hä
...?

SCHMIEG

H...
Hört
auf!

Seit
wann hast
du ihn ...?

Wah!
Wah!

Wie
heißt denn
der Kleine,
Anna?

Wie
süß!

BAMM

Das ist
nicht mein
Hund!

Was
gibt's
denn,
Vol-
ker?

Anna,
hast
du eine
Sekun-
de-

Sein
Freund?

ZAPPEL

Na, Kurt?
Warst du ein-
sam, weil dein
kleiner Freund
nicht mehr
da ist?

FYUUH

WUPP

Einem
Besucher
aus Tokyo.
Er hat mir
aufgetragen,
auf ihn und
seine Jacht
aufzupassen,
während er
weg ist.

Ähm,
wem gehört
er denn ei-
gentlich?

Ein
weißer
Hund?

RAUSCH

Ja. Bis vor
Kurzem kam
immer ein süßer
weißer Hund,
mit dem er viel
gespielt hat.

Meint er
etwa ...

POCH

Ein
süßer
weißer
Hund?

Meinen Sie
vielleicht die-
sen Hund?

POCH
POCH
POCH

... Hünd-
chen?

WIEP

WIEP

Die Möwen?

Na ja, auch Hunde erzählen sich das ein oder andere, weißt du?

Siehst du die Möwen dort?

Aber woher wusste Kurt, wo ich wohne-

WIEP

Sie unterhalten sich?

Für uns Menschen klingt es wie bedeutungsloses Geschrei, doch mit diesen Rufen unterhalten sich die Möwen untereinander.

Nicht nur Menschen kommunizieren miteinander. Auch Vögel und Fische erzählen sich Geschichten.

Wau! Wau!

TAPPS TAPPS

Dann hat Hündchen Kurt wohl von mir erzählt ...

35

RAUSCH

Hündchen ...

... dass dieser Mann sich in einen Hund verwandelt hat, ich Dummerchen ...

RAUSCH

Na, so was! Und ich habe tatsächlich geglaubt ...

Auweia. Die ganze Aufregung der letzten Tage ... In meinem Kopf dreht sich alles.

Wau!

Na schön ...
Spring rein!
Aber morgen
früh geht's ab
nach Hause!

BOING

SCHRECK

Wah!
Schnur-
stracks in
mein Bett
...?

KUSCHEL
KUSCHEL

KICHER

Na ja, ich denke,
das ist schon in
Ordnung. Immerhin
war er Hündchens
Freund ...

Vermut-
lich träumt
er gerade
von Hünd-
chen ...

ZZZ
ZZZ

KCHRR

41

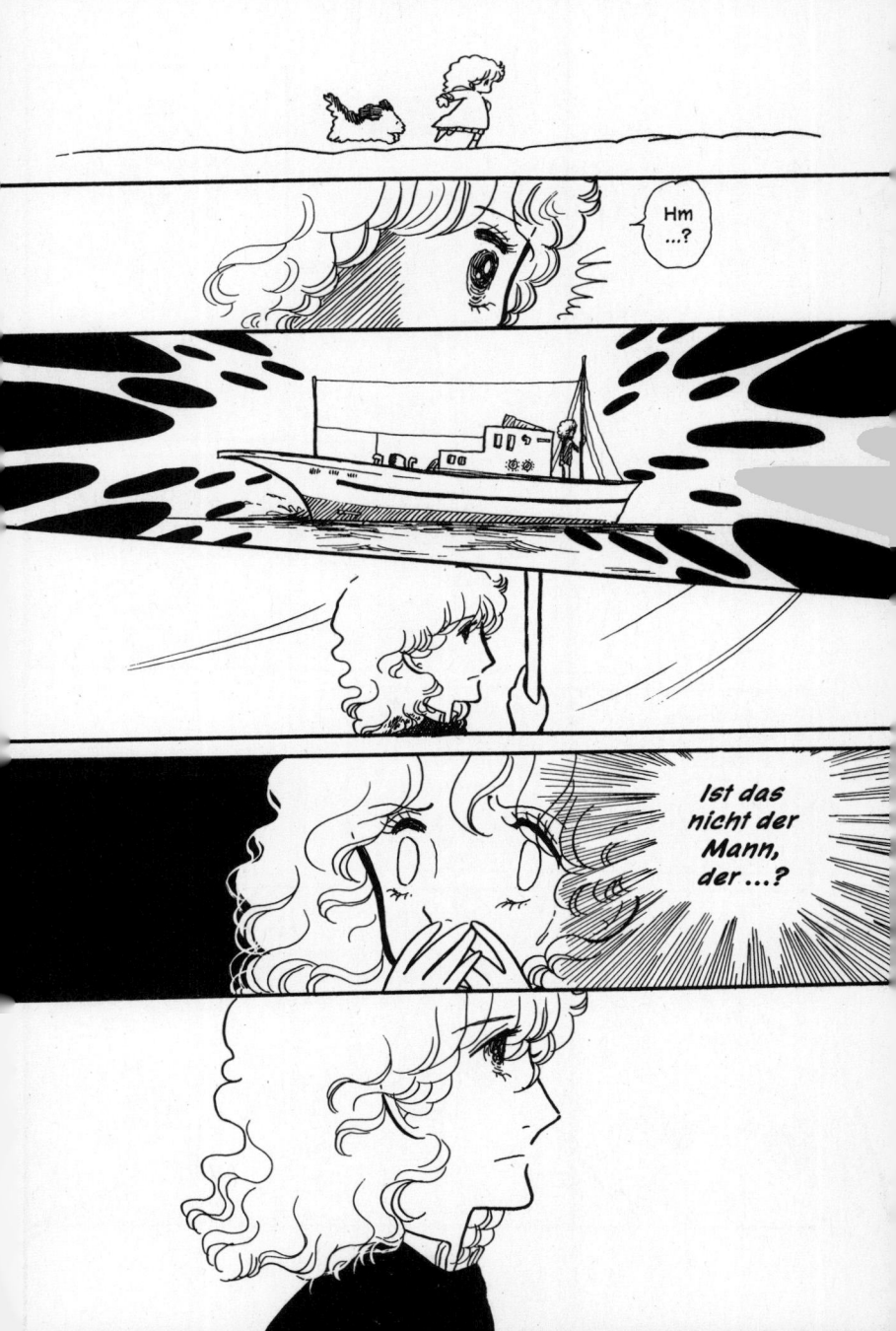

Aber sag mal,
wieso kannst du
denn nicht schwim-
men? Ich dachte,
alle Hunde kön-
nen schwim-
men ...?

Ein Krebs!

SCHRUBB
SCHRUBB

WIEP

WIEP

WIEP

Mir scheint,
es war doch
kein Astma-
anfall.

Das hing
an seinem
Schwanz.

Nanu?!
Kannst du etwa
nicht schwim-
men, Kurt?

HAFF
HAFF

PATSCH

Kurrt!

STRAMPEL

STRAMPEL

Ku...

Gluhi!

BLUBBER

52

Und mit wem willst du dich duellieren, Volker?

Na, mit dem Typen, der Hündchen auf dem Gewissen hat.

Einem Duellier-klub ...?

Ich lasse nicht zu, dass jemand, der dich so traurig gemacht hat, ungestraft davonkommt.

PRESS

Was?

Ja, aber das wird mir sicher bald gelingen!

WAMM

Aber du konntest ihn bisher doch nicht mal ausfindig machen ...

Und deshalb bist du dem Judoklub beigetreten ...?

Na, du klingst jedenfalls fest entschlossen ...

Ich ...

I...

60

STOPP

Das verstehe ich nicht. Ich dachte, Kurt ist weggelaufen, weil er nicht zurück nach Tokyo möchte ...

Wie ...?

Also wirklich, Kurt! Du darfst dem lieben Fräulein doch nicht solchen Ärger bereiten.

Wau! Wau!

Anna!

Ah, Mama!

Aber Mama liebt doch meinen Papa. Sie kann sich nicht in einen anderen Mann verlieben, verstehst du?

Mhm!

TICK TACK

Ich bin daheim!

Das ist Mama!

Hallo, Mama!

TAPP TAPP

Auf dem Heimweg bin ich am Hafen vorbeigegangen. Sie sind dort alle in heller Aufruhr, weil zwei Boote vermisst werden.

Natürlich. Sie kann niemand anderen heiraten, weil Papa nämlich noch am Leben ist. Er ist irgendwo da draußen, das weiß ich ganz genau ...

Ist doch so, oder ...?

67

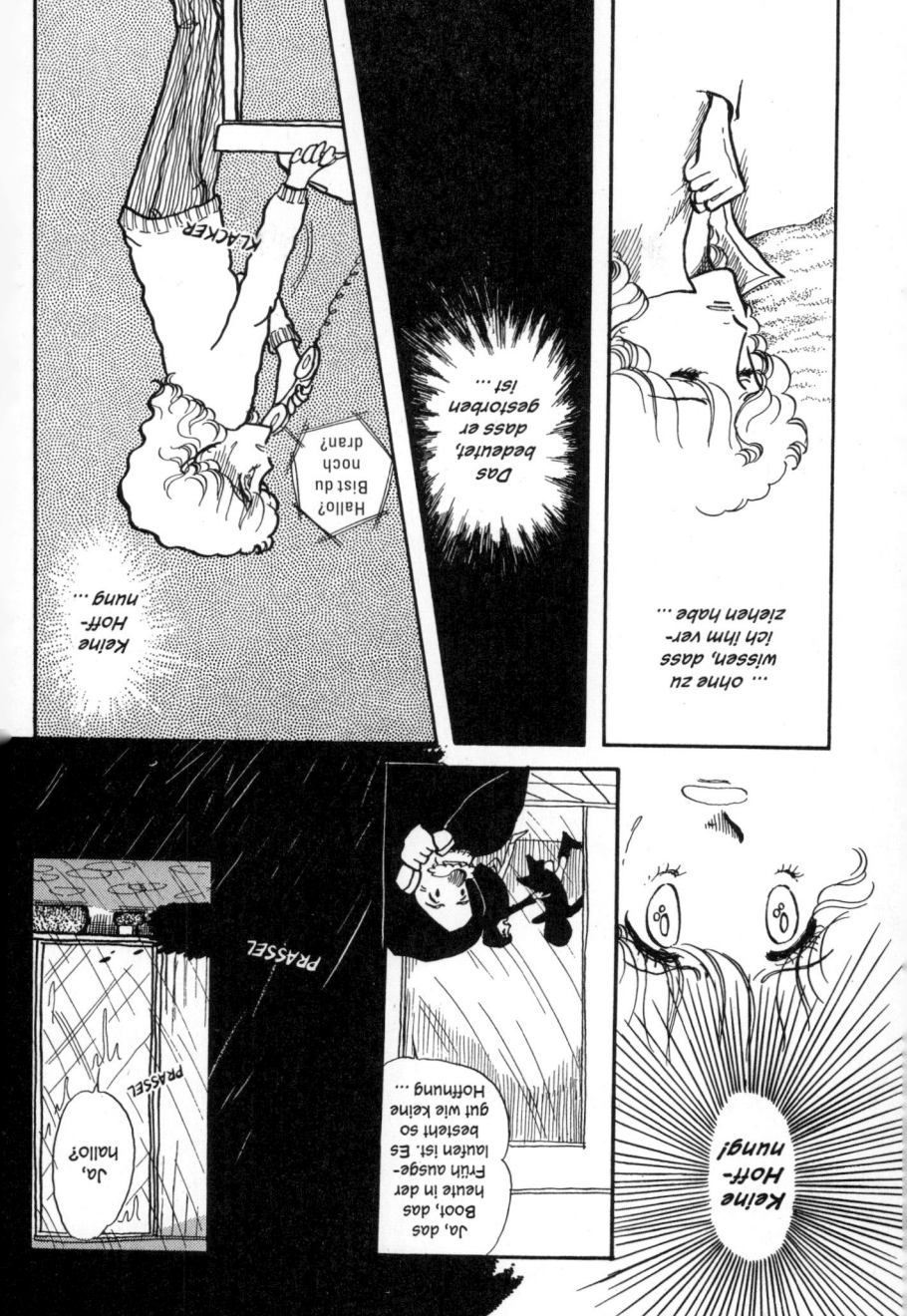

Hast du's schon gehört? Das Boot von dem Kerl, der Hündchen überfahren hat, wird seit gestern vermisst ...

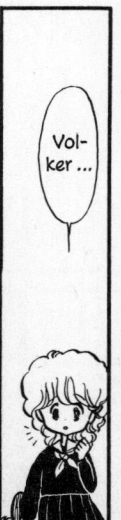

Vol-ker ...

Warum frisst du denn nichts, Kurt?

Kurt

Ich komme!

DIING

DOONG

SCHAUDER

72

Kommt nur!

Lieber Andreas, bitte wach doch auf ...

Andreas, zwei Freunde von dir sind hier, um dich zu besuchen.

ZUSCH

UNGEDULDIG

Hm!

TRIPPEL

TRIPPEL

78

79

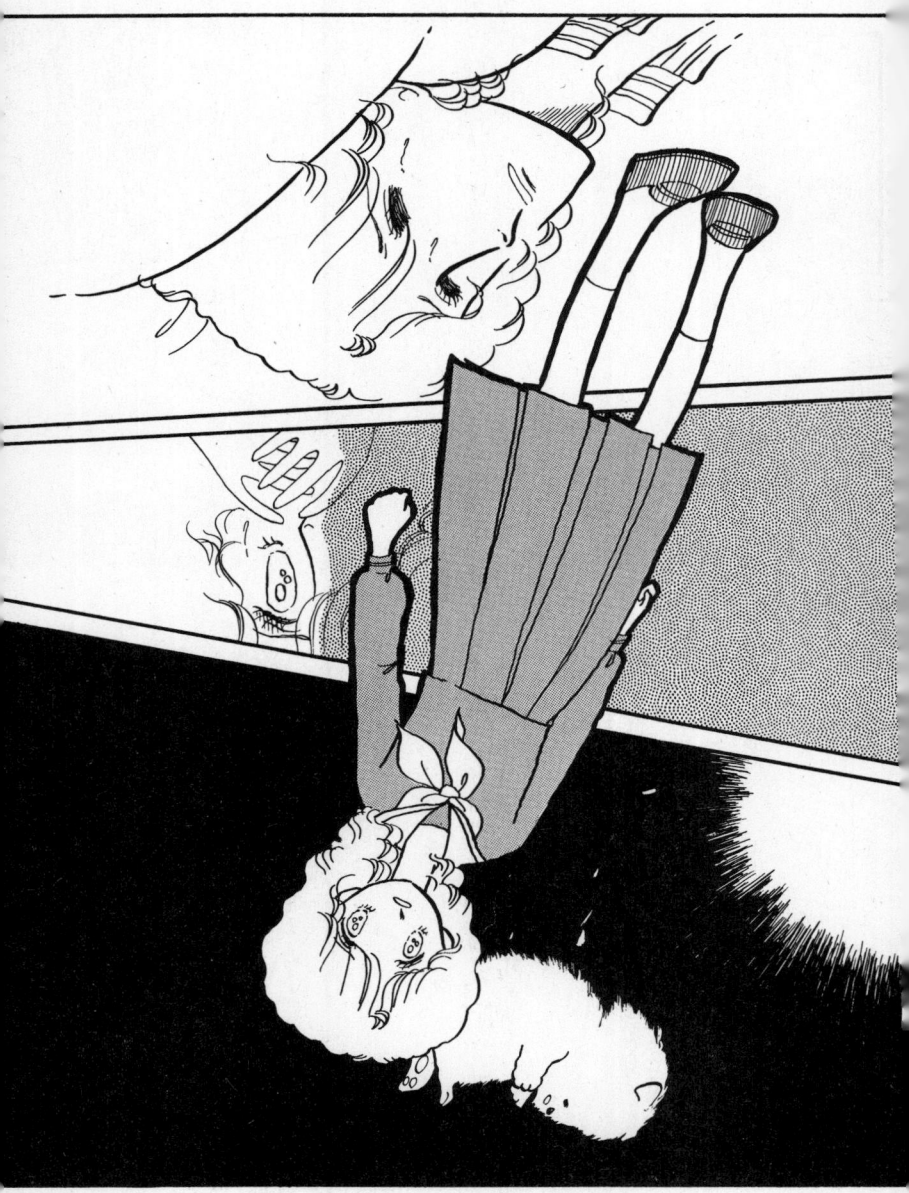

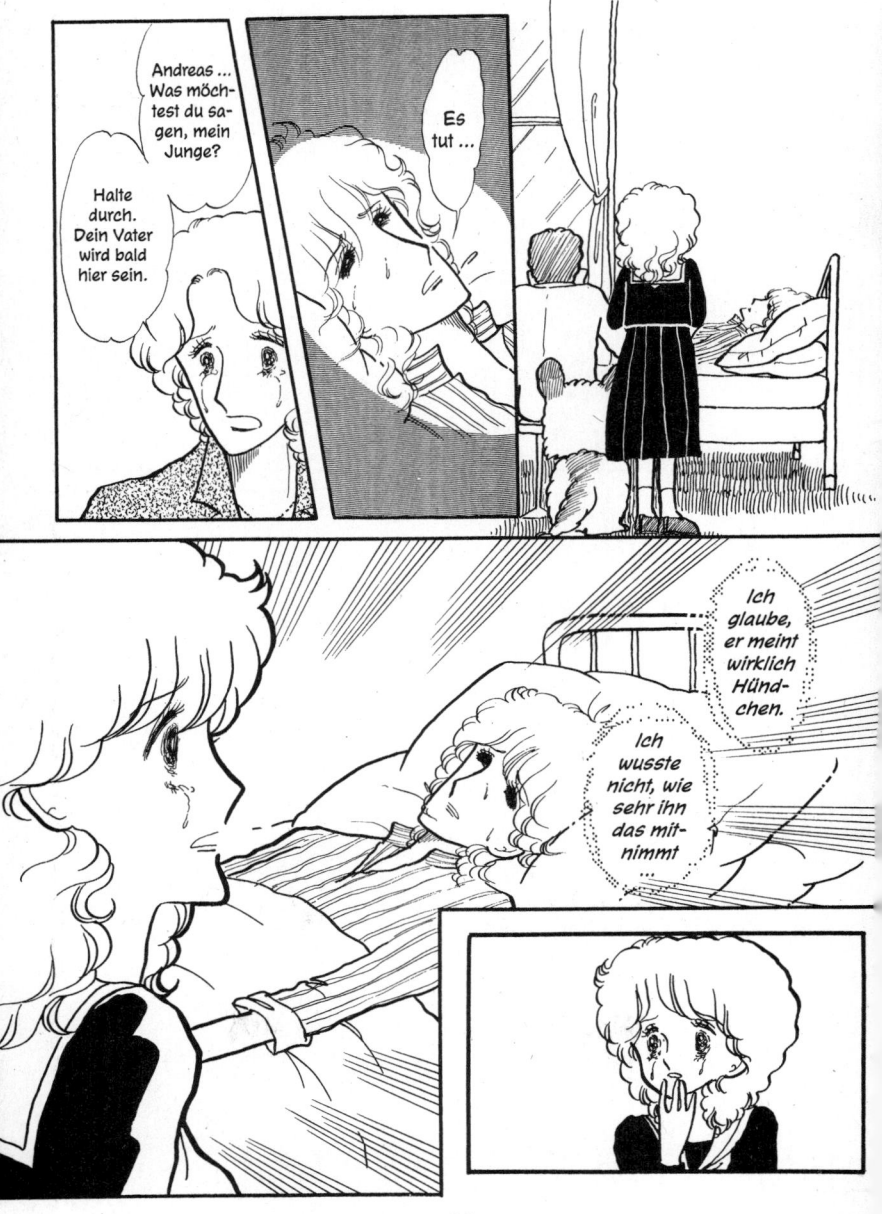

81

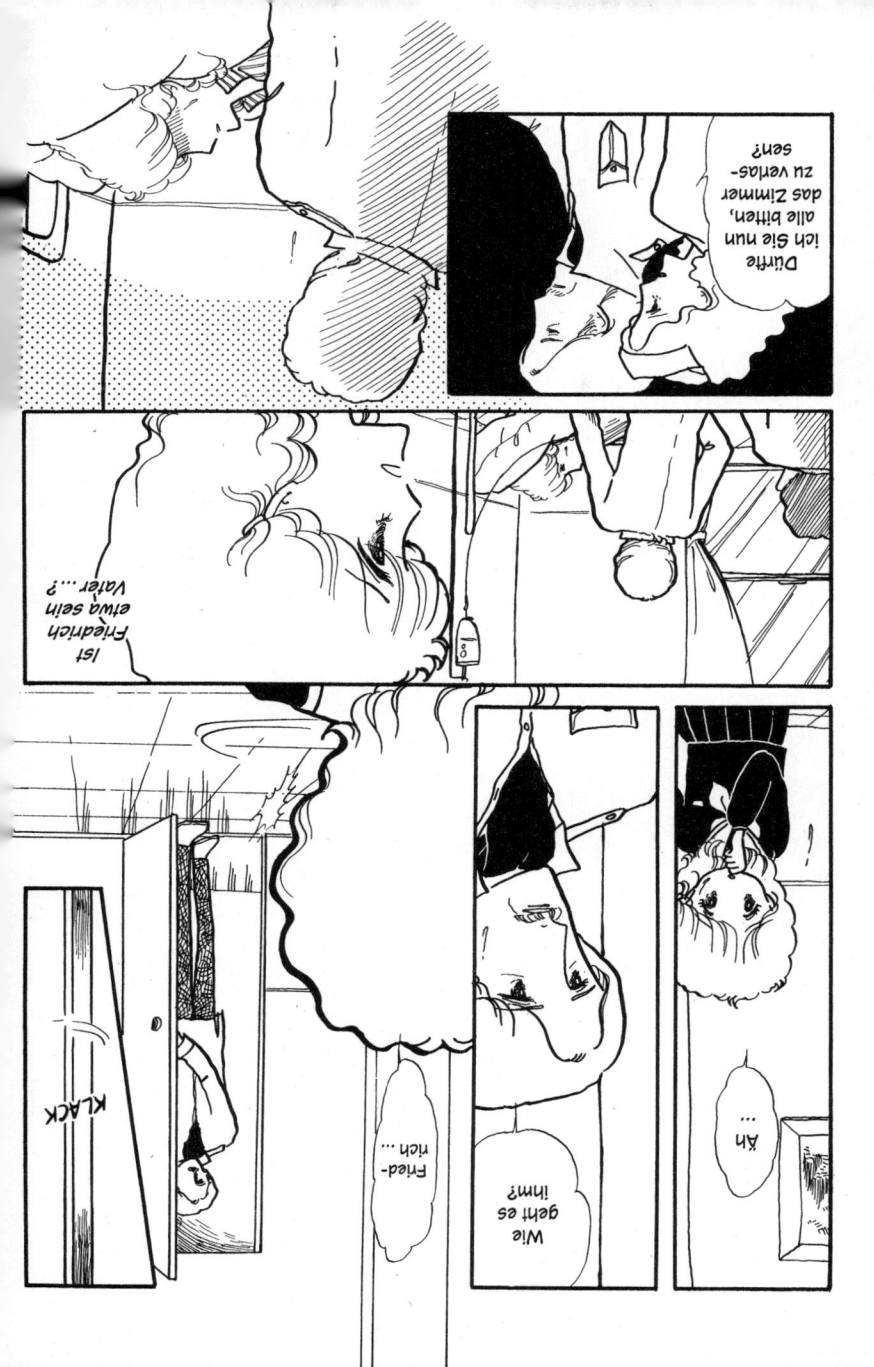

Nein. Er hat mir erzählt, dass er drei Jahre dafür gearbeitet und gespart hat.

Wenn er sich eine Jacht kaufen kann, muss er ziemlich reich sein.

Ja. Er hatte sich die Jacht erst kürzlich gekauft.

Der Arme. Er wird wohl nie wieder segeln können.

Wie meinen Sie das?

Nach diesem Unfall wird er sie ihm ganz sicher wegnehmen.

Sein Vater war von Anfang an gegen die Jacht und wollte nicht, dass er aufs Meer hinaussegelt.

KLACK

Kann ich reinkommen, Anna?

Mach dir nicht zu viele Sorgen. Es geht ihm sicher bald wieder besser ...

Mama ...

Ja. Aber dein Vater liebte eben auch das Meer und das Segeln.

Weil du ihn geliebt hast und Angst um ihn hattest?

Oh, ja. Ich war überhaupt nicht damit einverstanden.

Du, Mama? Warst du eigentlich dagegen, dass Papa sich eine Jacht kauft?

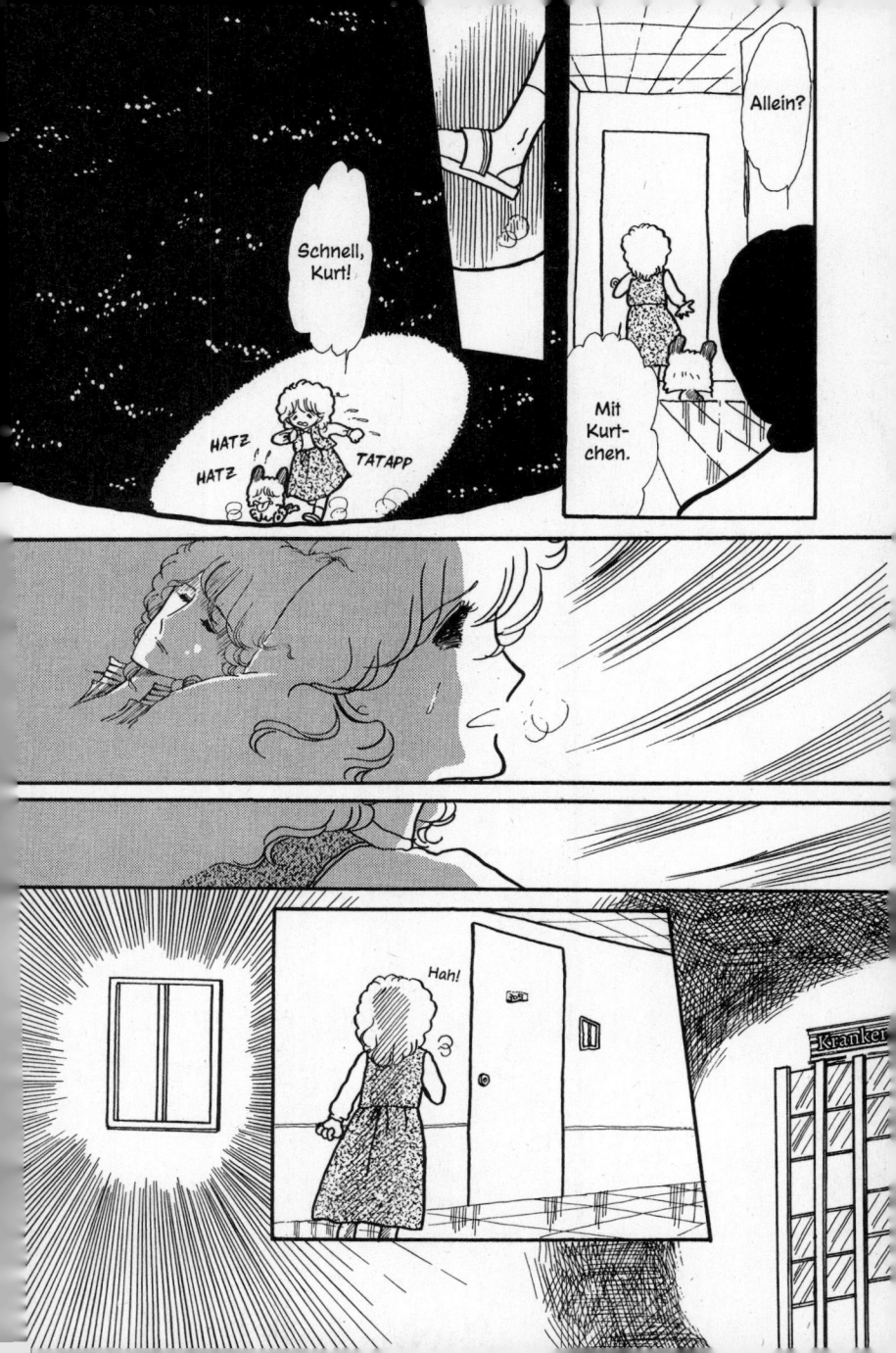

Ja. Im Herbst kommen sie wie- der.

Dann ist Kurt also jetzt bei Fried- rich?

Ja. Er sagte, dass er morgen früh mit Kurt nach Tokyo zurück- segelt.

Ach, nein. Keine Lust ...

Gute Nacht.

Wieso stehst du morgen nicht etwas früher auf und ver- abschiedest dich von den beiden?

Ver- stehe ...

Dann heißt es morgen wirklich Abschied- nehmen von Kurt ...

Gute Nacht ...

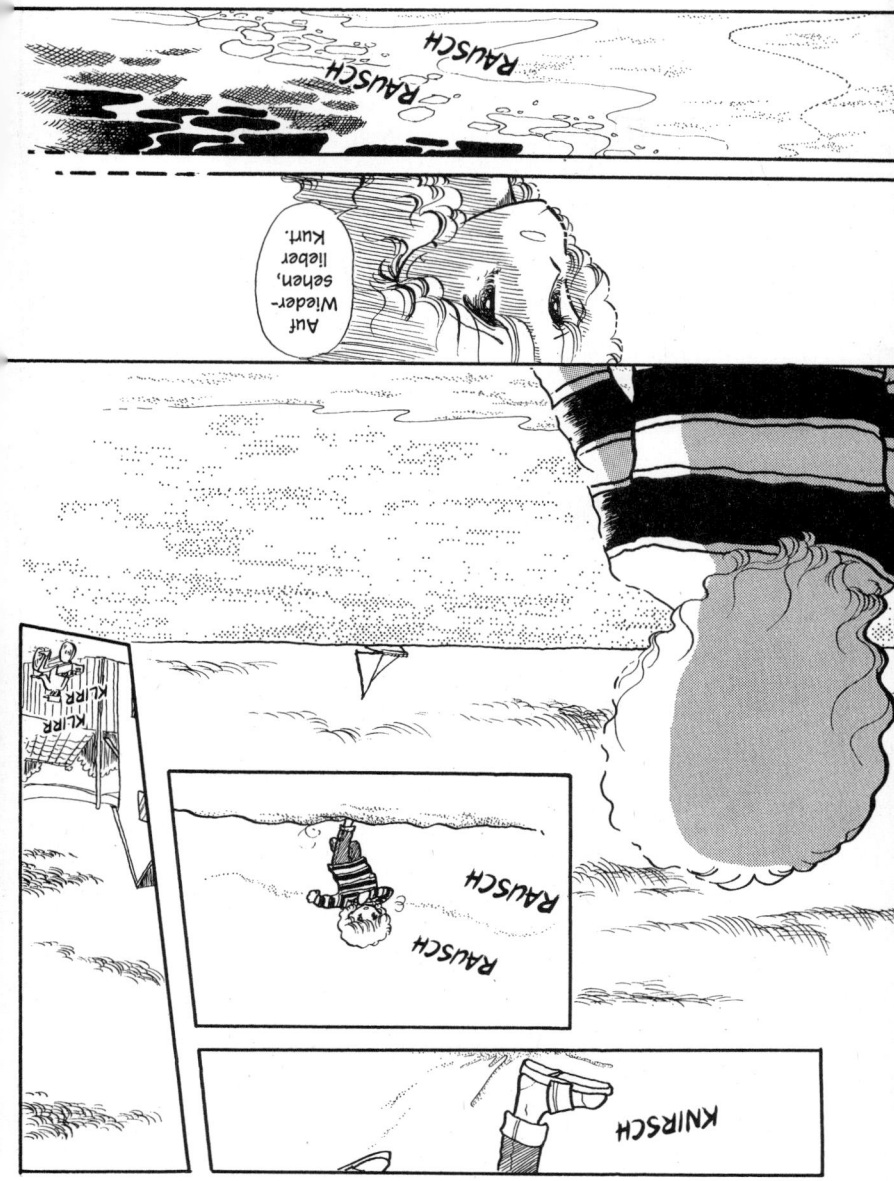

98

99

101

KICHER

SCHNARCH

Er schläft.

RATTER RATTER

Dank Friedrich kriegen wir jetzt auch Tokyo zu sehen. Ist das nicht großartig, Volker?

Cola

Oh! Unser Kurt wohnt aber in einer ziemlich noblen Gegend ...!

Weißt du, welches Haus es ist, Anna?

Ah, das Nickerchen hat gutgetan!

Ein Haus, in dem ein merkwürdiger Hund wohnt ...?

Entschuldigen Sie!

Äh, nein.

Ah, das muss es sein.

Tja, er ist bekannt wie ein ... bunter Hund.

Allerdings.

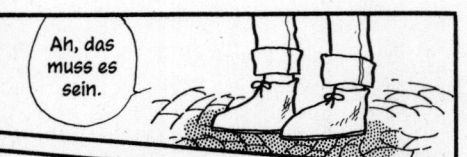

Wie Kurt wohl reagieren wird ...?

WATSCH

Ich dachte,
du hättest meine
Sachen gestohlen,
weil du mich vermisst
und wolltest, dass ich
dich in Tokyo besuche.
Aber du scheinst dich
überhaupt nicht zu
freuen ...

Sie hatte
deinetwe-
gen großen
Ärger ...

Wauu!

TRÄN

Guh!

KNUDDEL

Was ist
denn, Kurt-
chen?

SWUSCH

Hast du die Uniform gefunden, Anna?

ZUCK

Ach, mein lieber Kurt ...

Was hast du denn auf einmal?

Kurt?

Jaa ...

SCHEPPER

Oh!

STUPS

KLACK KLACK

109

111

112

Wegen des Unfalls versucht mein Vater mit allen Mitteln, sie mir wegzunehmen.

Ich möchte, dass ihr auf meine Jacht aufpasst.

Wobei sollen wir Ihnen helfen?

Auf Ihre Jacht?!

Sicher ganz in der Nähe, sonst würden Sie uns nicht darum bitten, hab ich recht?

Ich nehme an, Sie haben die Jacht irgendwo versteckt ...?

Es tut mir leid, aber ich kann Ihnen nicht helfen ...

So ist es. Nach dem, was ich dir angetan habe, habe ich kein Recht, dich um einen Gefallen zu bitten. Das ist mir bewusst ...

113

Zehn
Jahre
...?!

Dürfte
ich sie
mir mal
anse-
hen?

Ja?
Was ist
damit
...?

Das würde
bedeuten,
dass Papa
möglicher-
weise noch
am Leben
ist!

Könnte
es sein
...

Ich möch-
te wissen,
wie sie aus-
sieht ...

... dass
sein Boot
die Jacht
von Papa
ist?

Die
Jacht
liegt
...

Ihre
Jacht
...

Oh!

116

Oh, wie schade! Dann kann ich mich gar nicht von Kurt verabschieden.

Tut mir wirklich leid, aber ich muss ganz dringend verreisen.

Es ist etwas, das du sehr mögen wirst.

Das wäre doch nicht nötig gewesen ...

Als Entschädigung habe ich dir ein kleines Geschenk nach Hause geschickt.

Ein Hund.

Anmeldung

...?

Nein, nicht Kurt. Ein viel niedlicherer Hund. Ich lasse ihn dir per Bahn zukommen.

Ist Kurt das Geschenk?!

118

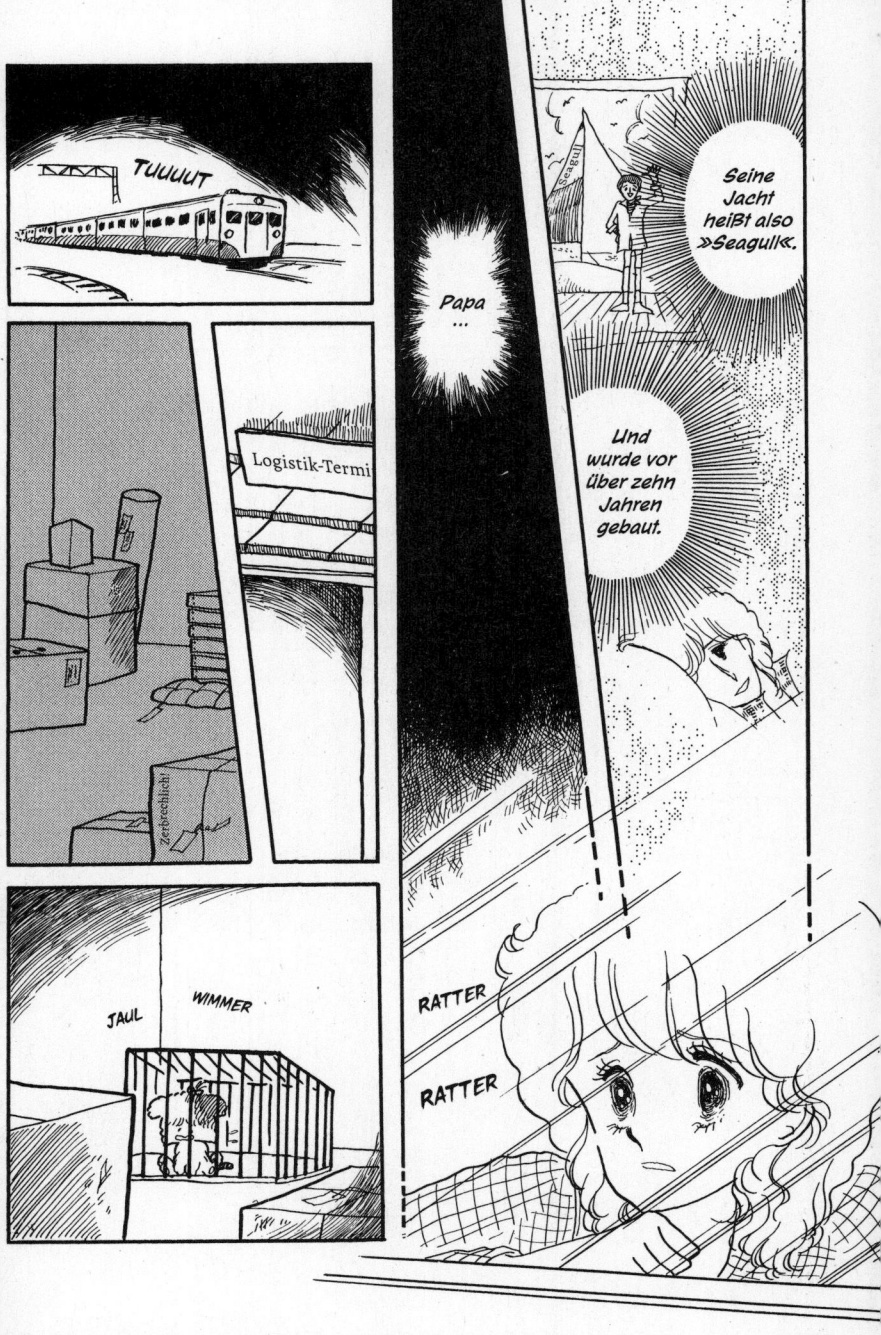

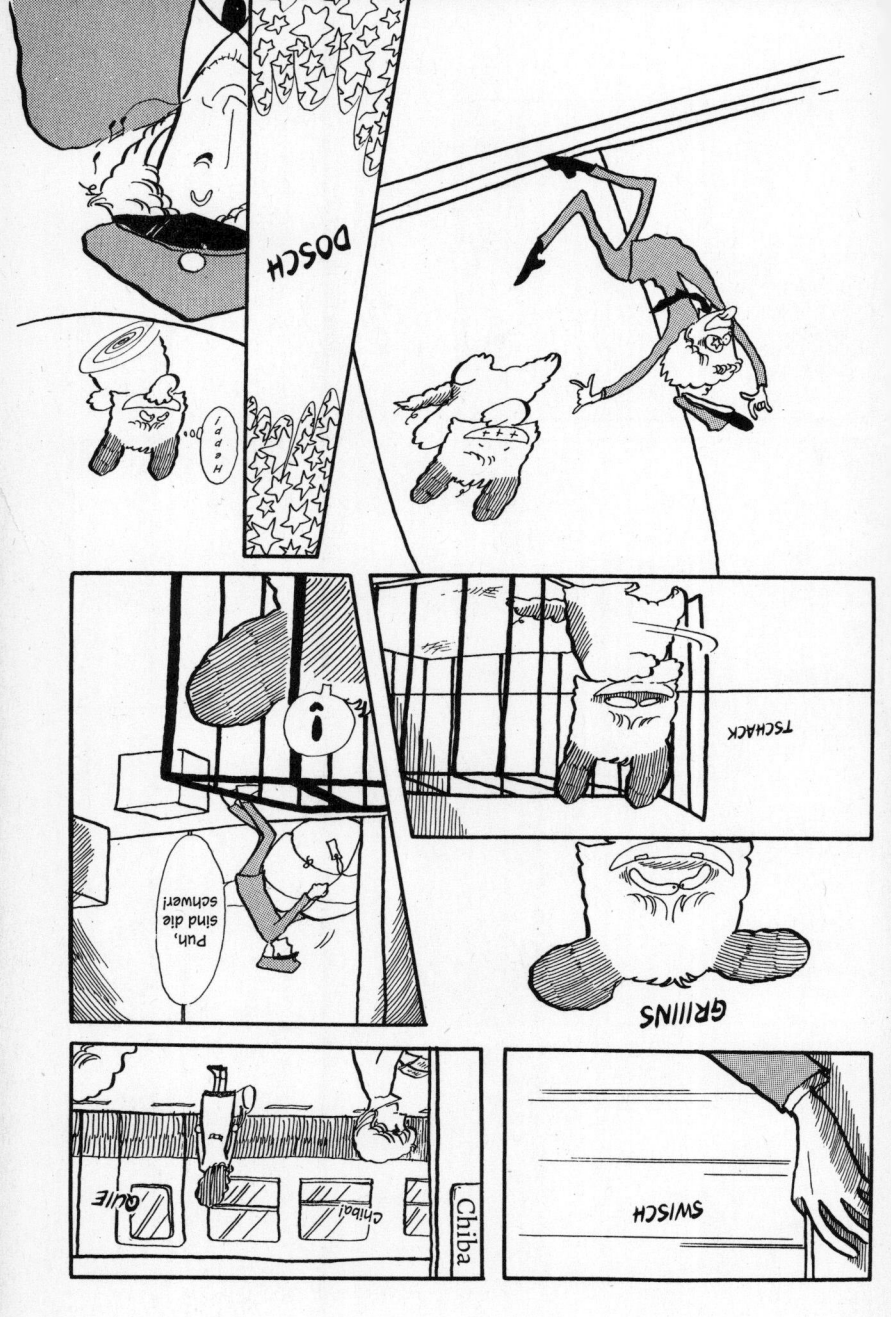

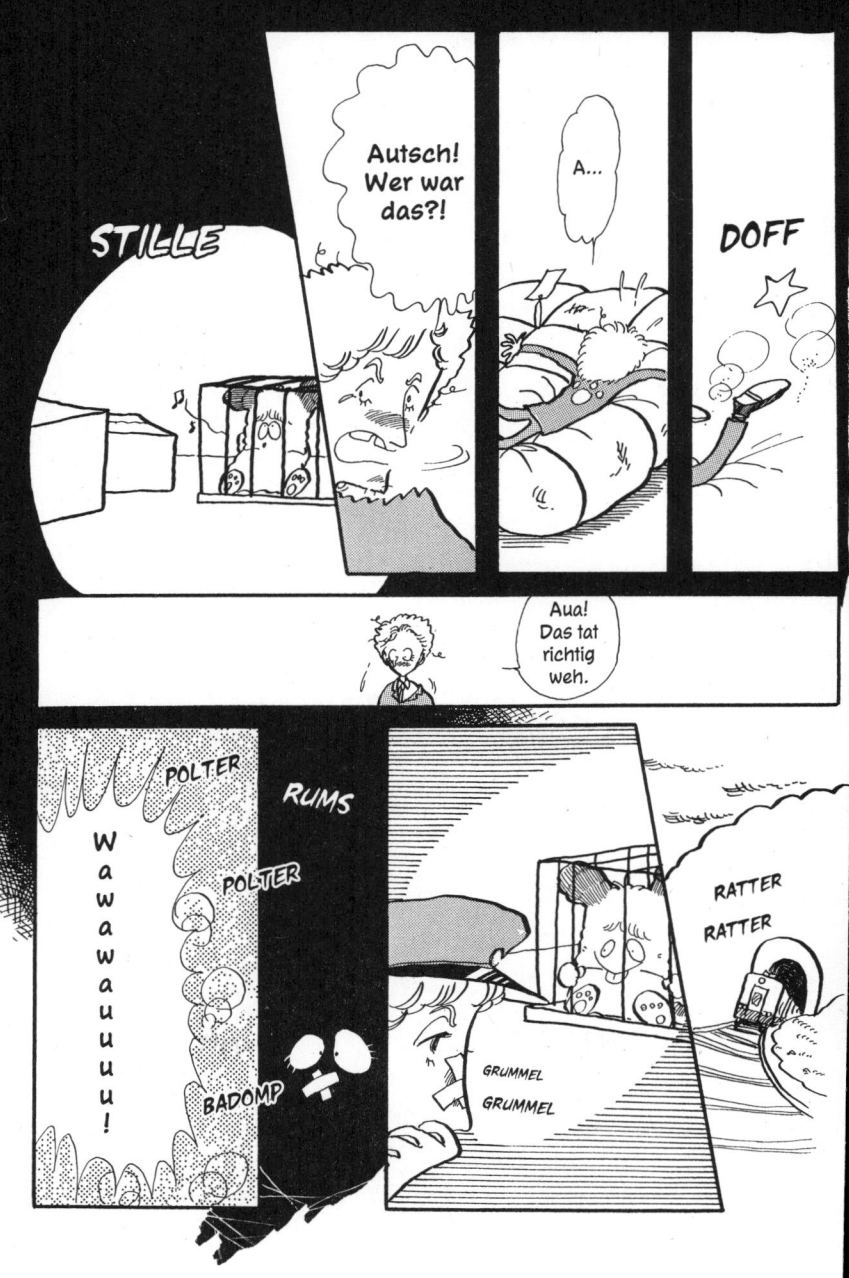

127

128

Offenbar ist er bis zur Endstation gefahren. Als man ihn dort entdeckt hat, hat man ihn wieder zurückgeschickt.

Wer war das, Mama?

Ich verstehe. Ich komme sofort.

Also müssen wir ihn sofort abholen fahren?

Der Bahnhof. Sie haben Bescheid gegeben, dass der Hund jetzt da ist.

Okay ...

Ich begleite dich, mein Schatz.

Ja, die Leute vom Bahnhof haben sich extra beeilt, ihn wieder zurückzuschicken.

Immer dem Krach nach ...

Und wo ist nun der Hund ...?

Bitte entschuldigen Sie die Umstände ...

130

Mein Kurt-chen!

Khi hi hi!

Ja, du bist es!

Hä?

HICKS

Hallo, ist da Fried-rich?

Du, Mama, ich glaube, Kurt hat eine Fahne ...

Vielen Dank! Ich habe mich riesig ge-freut.

Nein, ganz und gar nicht. Aber ich hätte nicht im Traum daran gedacht, dass ich Kurt behalten darf.

Dann habe ich dir also nicht zu viel ver-sprochen?

Eine Fahne?!

133

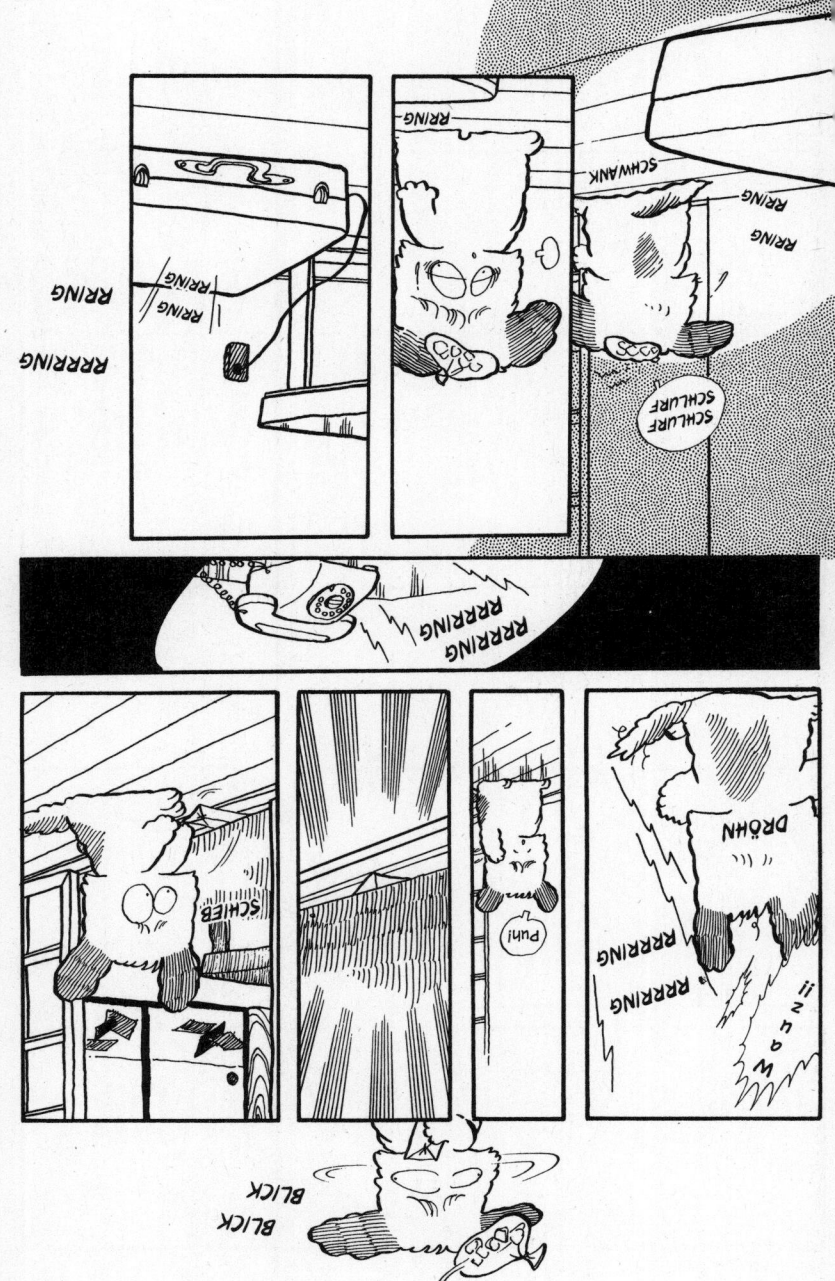

Shop

Vol-
ker!

Aber ja!
Dass du
jetzt offi-
ziell Kurts
Frauchen
bist ...!

Zur Feier
des Tages lade
ich dich auf ein
Eis ein!

Oh,
wow!
Danke,
Katrin.

Gibt's
was
zu fei-
ern?

Eiscreme

Herein-
spaziert!

Danke,
Katrin.
Sehr groß-
zügig von
dir.

Dreimal
Vanille
bitte!

Hm?

Gib die Hoffnung nicht auf, Anna! So, was haltet ihr davon, wenn wir jetzt alle zu Anna gehen und dort gemeinsam Hausaufgaben machen?

Au!

Mensch, Volker! Musst du uns die gute Laune verderben?!

Obwohl ich auch ein wenig Angst davor habe, es herauszufinden ...

Guten Tag. Geht's dir besser?

Wuff!

KLACK

Hallo, Kurt! Ich bin wieder zu Hause!

Hm, keine Post. Aber ... Was ist denn mit dem Telefon ...?!

Was zum ...?!

W... Wie bitte?! Nein!

Wenn man einen Kater hat, kann man laute Geräusche nicht ertragen. Bestimmt hat er es deshalb in den Koffer getan.

Aha, da spricht wohl jemand aus Erfahrung.

TSCHING

Was soll der Blödsinn?

Warst du das, Kurt?

POCH

Aber jetzt wissen wir, dass das Telefon geläutet haben muss.

Womöglich war es Andreas ...

Ich weiß nicht ...

Am besten, wir rufen im Krankenhaus an und fragen nach.

140

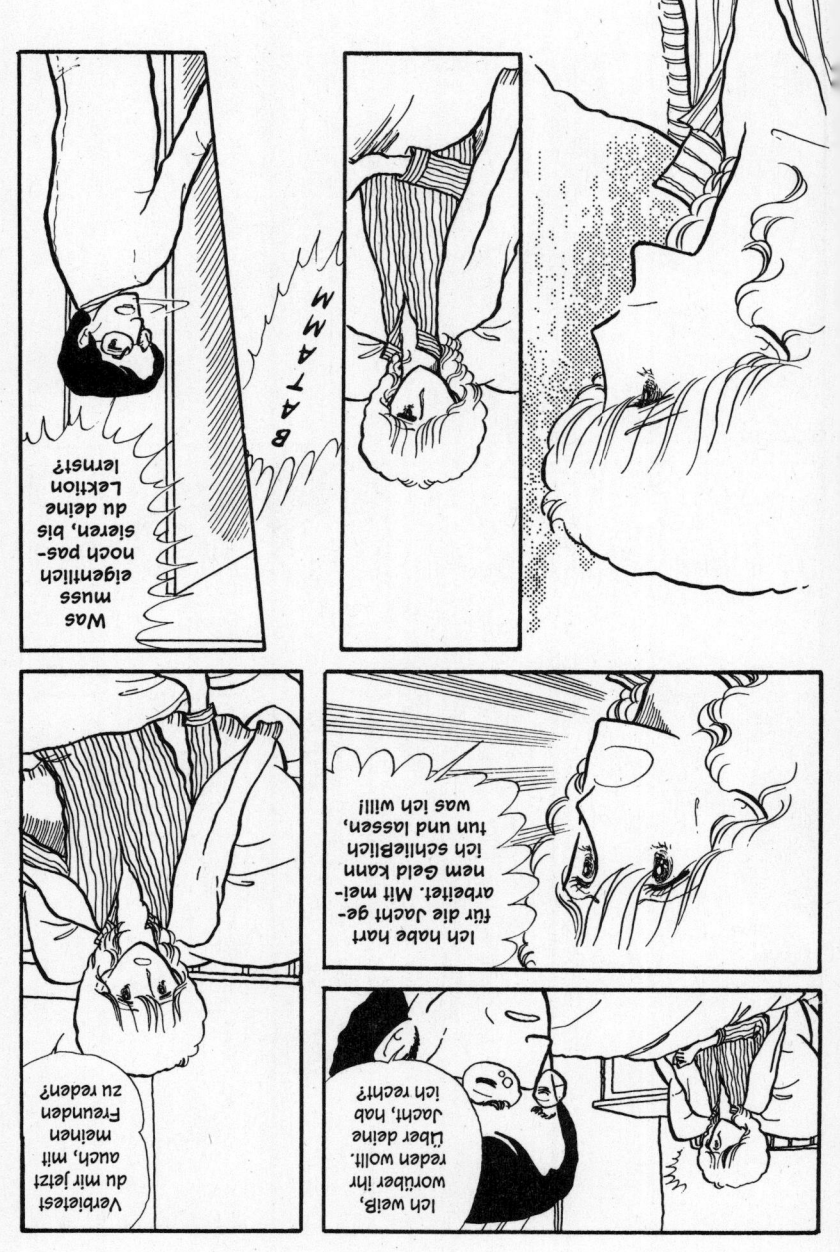

Wir müssen die Jacht so schnell wie möglich in ein sicheres Versteck überführen.

Und was machen wir jetzt, Volker?

Mist! Wenn er rausfindet, wo die Jacht liegt, wird er sie sofort aus dem Verkehr ziehen lassen.

Was? Sein Vater war am Telefon?

Könnten wir doch nur mit Andreas sprechen. Er würde uns sicher sagen, wo sie ist ...

ZZZ

Sag mal, Anna, kam heute ein Eilbrief an?

KLACK

Hallo, Mama!

Ich bin wieder da!

Er enthält Informationen zum aktuellen Ankerplatz der Jacht ...

Aber warum kam er dann nie hier an ...?

Er sagte, Herr Jansen hätte ihm den Brief bei seinem letzten Besuch im Krankenhaus mitgegeben.

Von Herrn Jansen. Friedrich hat mich im Hotel angerufen und mir von dem Brief erzählt.

Oh, oh!

Von wem?

Kurt!

ZUCK

SCHLEICH

SCHLEICH

Seltsam. Normalerweise dauert es nur einen Tag, bis ein Eilbrief zugestellt wird.

Hast du etwas mit dem Verschwinden des Briefs zu tun? Hast du ihn irgendwo versteckt?

Ich werde auch nicht mit dir schimpfen, aber rück ihn bitte raus!

144

Aha!

»Vielen Dank noch mal für alles. Leider konnte ich euch neulich nicht mehr über die Jacht erzählen, weil mein Vater kam. Deshalb lege ich diesem Brief eine Karte bei, die zu der Adresse der Leute führt, die sich aktuell um die Jacht kümmern.

Ich habe die Befürchtung, dass mein Vater mittlerweile weiß, wo sie liegt, deshalb müsst ihr schnell handeln und sie an einem anderen Ort verstecken. Es tut mir leid, dass ich euch um diesen Gefallen bitten muss, aber ich glaube, mein Vater hat vor, sie in Brand zu stecken und zu versenken, sobald er sie findet. Bitte helft mir.

Andreas Jansen«

Ich finde, du solltest dich wieder mit Kurt vertragen.

BATAMM

KLACK

Darf ich reinkommen?

Nein!

Willst du ihn Friedrich dann zurückgeben?

Ja, aber unterwegs muss er dann irgendwie vertauscht worden sein ...

Einen Welpen?

Friedrich hat mir am Telefon erzählt, dass er dir eigentlich einen Welpen geschickt hat.

148

Andreas Jansen

Gut möglich. Ich denke, er wollte unbedingt zu dir zurück.

Ja, aber der Brief ...

Das geht sicher wieder auf Kurts Konto.

REALISIER

Genau. Friedrich hat ihn dann zur Post gebracht.

Mama, hast du nicht gesagt, dass Friedrich den Brief von Herm Jansen bekommen hat?

Friedrich ...

150

WANK

Kurt!

PLOMP

GROOOH

Was sind Sie nur für ein Mensch?!

Kurt, was ist mit dir?

ERSCHÖPFT

Ich bin ein Vater, der verhindern will, dass das Meer ihm seinen Sohn raubt.

Was für ein Mistkerl!

UMDREH

Und deshalb setzen Sie gleich sein Boot in Brand?

Ich weiß zwar nicht, woher ihr Andreas kennt, aber ich verbiete euch jeglichen Kontakt zu ihm!

Ich bin's, Kurt!

Ugh
...!

Das ist die Registrierungs-nummer der Jacht! Damit können wir überprüfen, ob es sich um die deines Vaters handelt.

Stimmt! Das müsste gehen!

master
67.5.3

Volker
...!

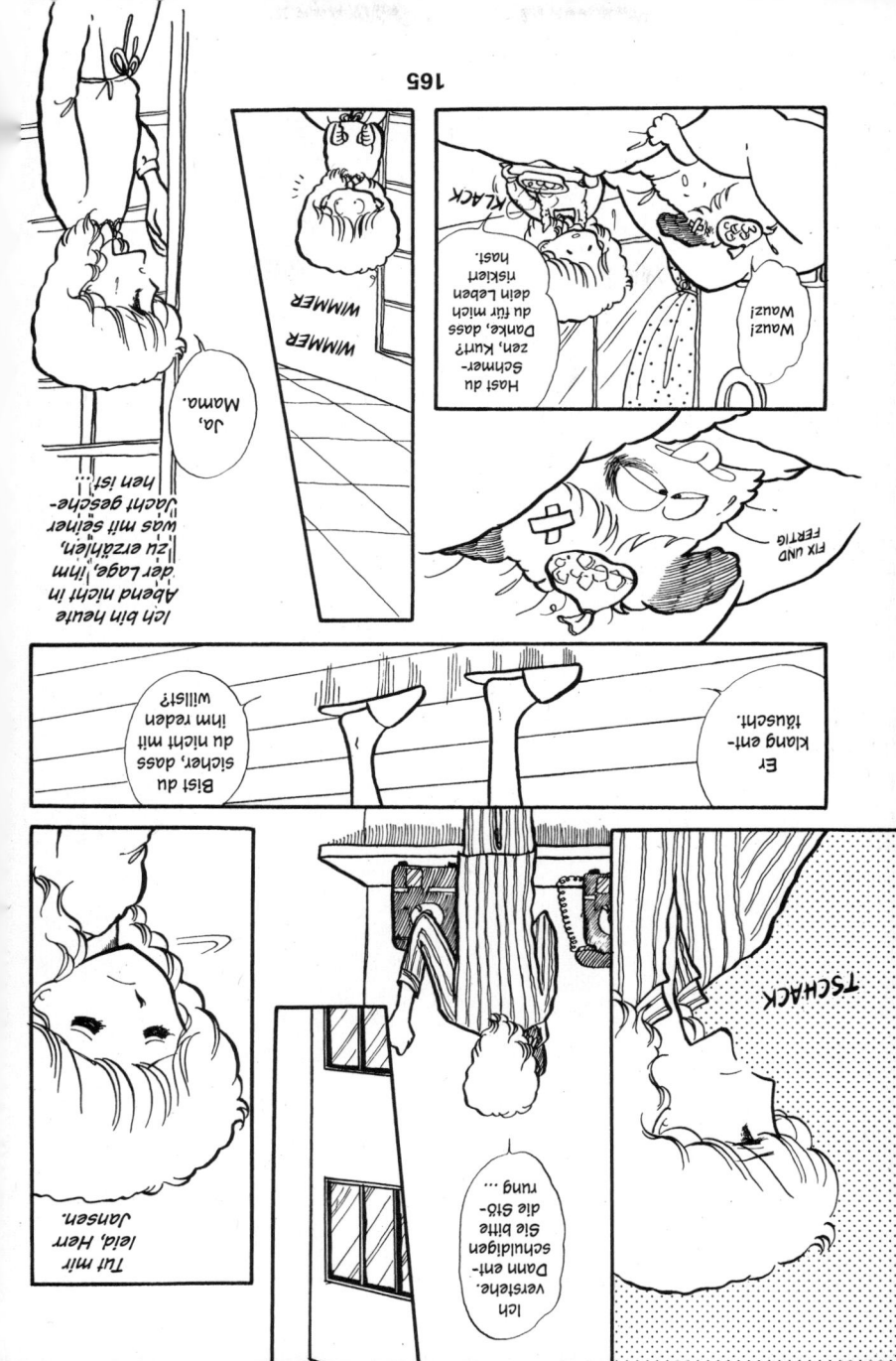

HAPS

Wuff!

Du musst fressen, damit du schnell wieder gesund wirst.

Und dann, eines Abends, als es furchtbar kalt war und schneite, gingen Nello und Patrasche* ...

Hundegeschichten aus aller Welt

* Ein Hund aus Flandern, Roman von Marie Louise de la Ramée (1872)

RÖCHEL
RÖCHEL

Ich möchte heute lieber zu Hause bei Kurt bleiben, Mama. Darf ich?

Wo bleibst du denn, Anna? Du kommst noch zu spät.

ZWITSCHER

ZWITSCHER

166

Hallo, Volker.

Morgen.

Andreas hat mich gestern Abend noch angerufen. Er wird wohl heute entlassen.

Ach, tatsächlich ...?

Äh, doch. Wieso ...?

Du hast ihm doch hoffentlich nichts von seiner Jacht erzählt, oder?

Ja, aber ...

...

Mensch, Volker! Einem Kranken kann man doch keine so schreckliche Nachricht überbringen!

Und wie hat er darauf reagiert ...?

Ich hatte den Eindruck, dass er es sowieso geahnt hat.

Hm ...

Er hat uns gedankt. Dann hat er aufgelegt.

Er tut mir leid. Zu hören, dass der eigene Vater so etwas getan hat, muss schwer sein.

KRACK

Haaach, so wird das nichts mit dem Lernen. Ich kann mich nicht konzentrieren ...

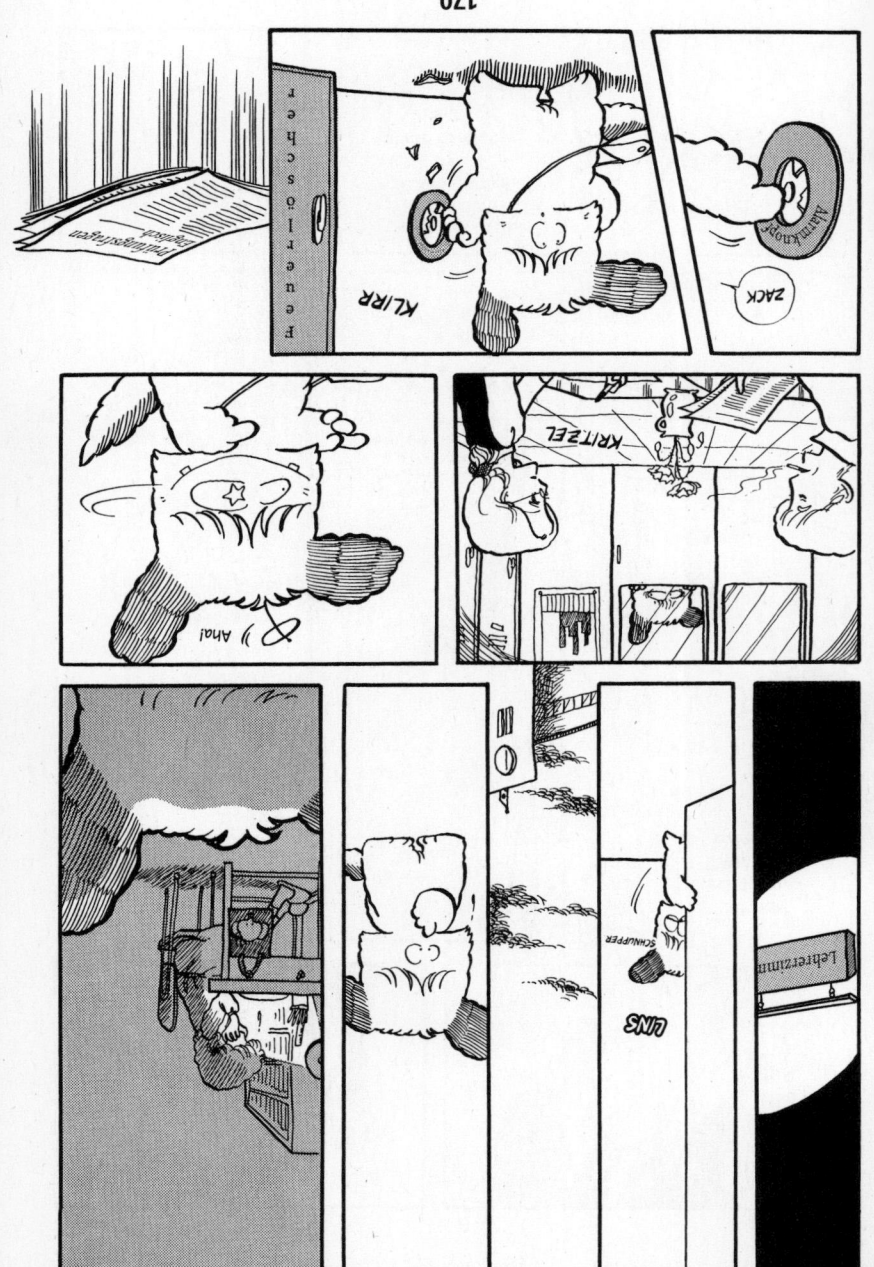

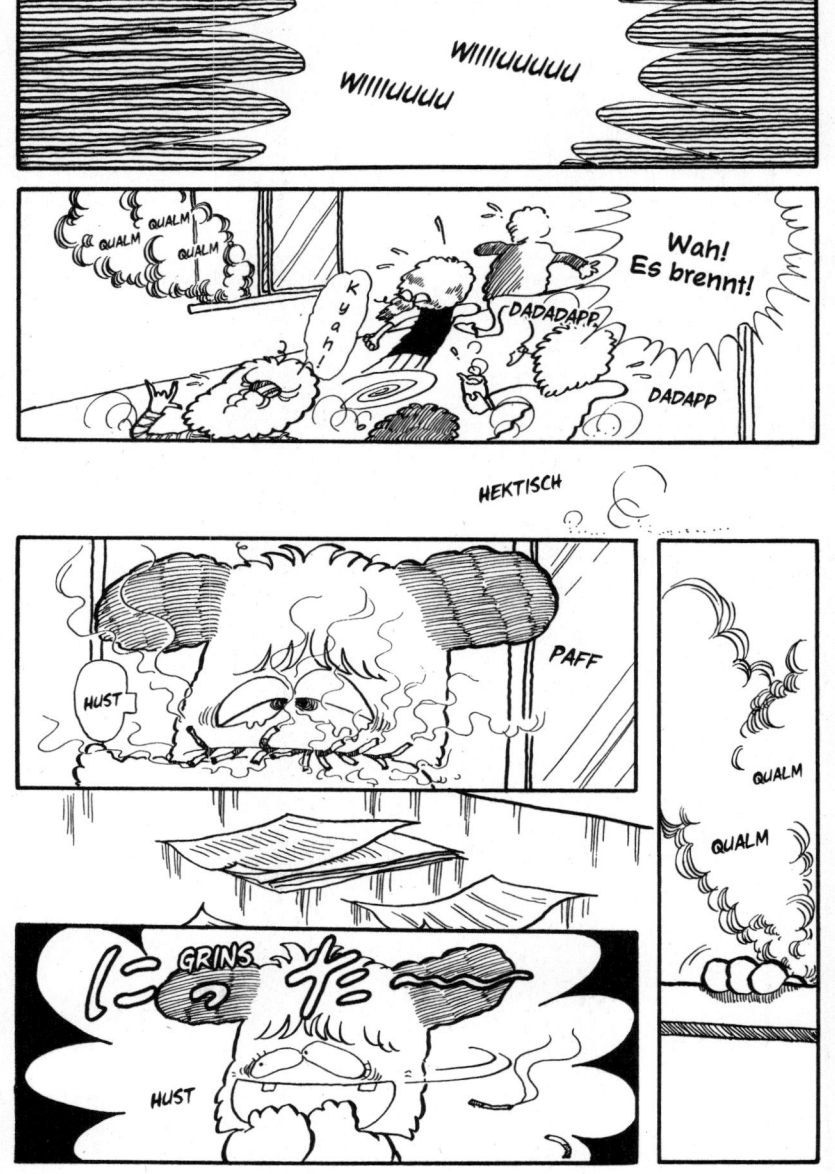

172

Hört mal, ihr zwei ... Ich weiß zu schätzen, dass ihr euch um mich Gedanken macht, aber dass mir so was nicht noch mal passiert!

Aah! Was für eine Ver-schwen-dung!

RITSCH

RATSCH

SCHULDBEWUSST

Hrm ...

RAUSCH

RAUSCH

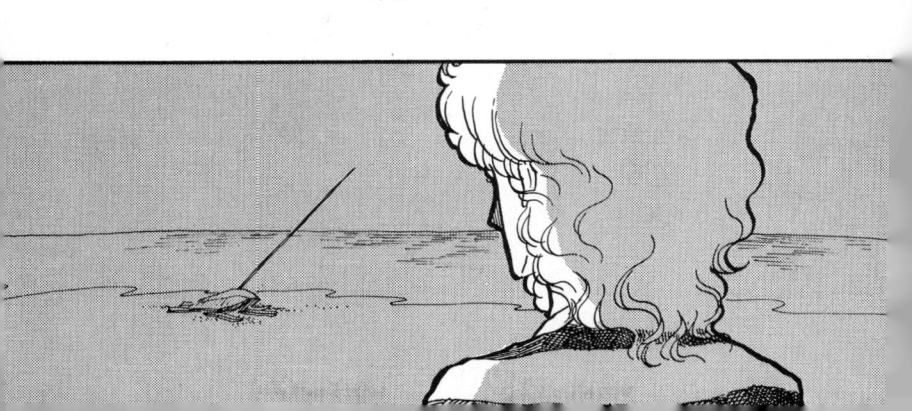

174

175

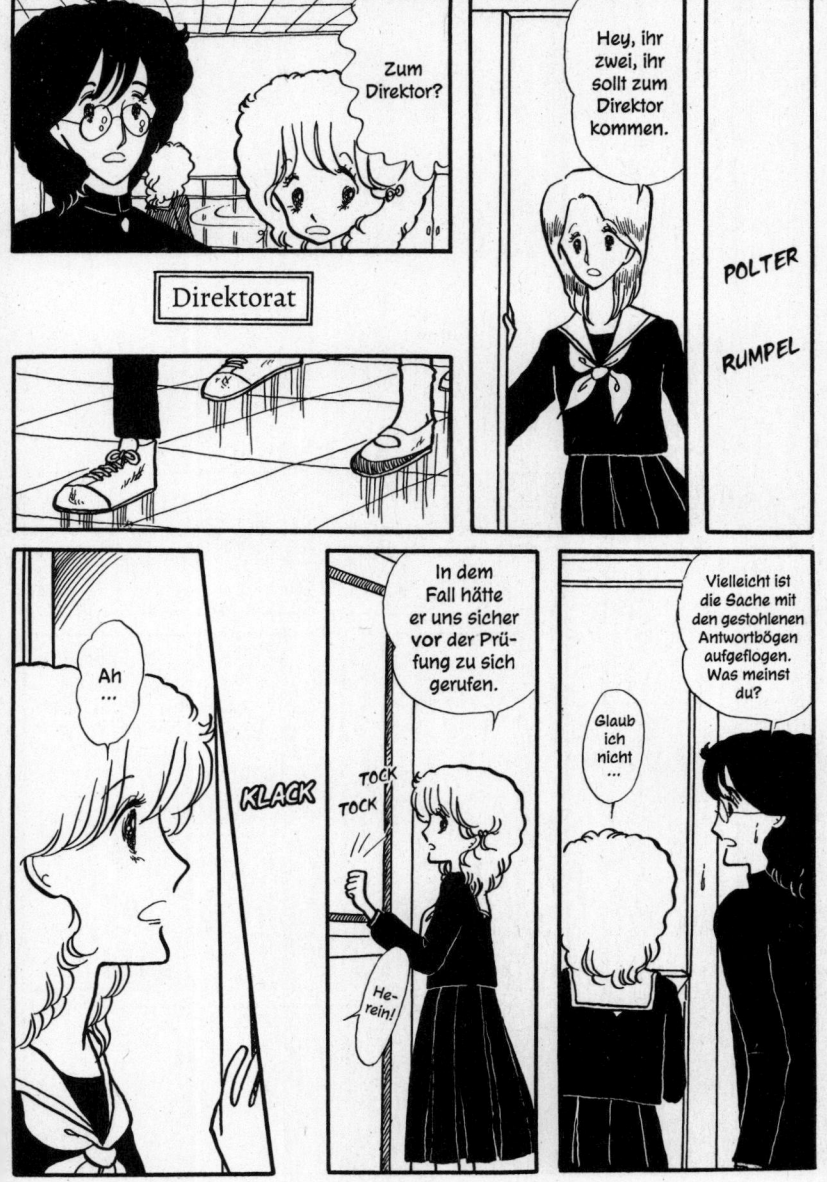

176

Wir wissen nicht, wo er ist!

Ihr versteckt ihn doch!

Nein. Wir haben nichts damit zu tun. Und selbst wenn wir wüssten, wo er ist, würden wir es Ihnen nicht sagen!

Er ist von zu Hause weggelaufen ...?

Und wozu brauchen Sie die?

Ich will eure Adressen und Telefonnummern.

178

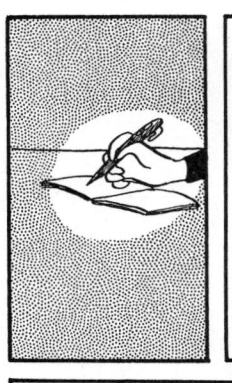

Volker! Dieser Mann sucht nur seinen Sohn. Gebt ihm schon eure Adressen.

Ich habe keinen Vater mehr. Warum fragen Sie?

Martens ...? Das kommt mir bekannt vor. Wo arbeitet dein Vater?

U... Und wo ist dieser Mann jetzt ...?

Wenn er nicht gewesen wäre, wäre das alles nicht passiert.

Martens ...

Weil derjenige, der Andreas das Segeln beigebracht hat, ebenfalls Martens hieß.

RAUSCH

RAUSCH

Ich kann einfach nicht akzeptieren, dass mein Papa tot ist. Wo er gerade ist, weiß ich nicht, aber er ist am Leben!

Daran glaube ich ganz fest.

Jetzt verstehe ich.

So erklärt sich auch das starke Interesse an meiner Jacht.

Der Kleine sprang mir sofort ins Auge.

Wir sind uns zum ersten Mal im Jachthafen begegnet.

Ugh!

Na, Kurt.

RAUSCH

Wer ...?

KWIEP

KWIEP

Sieh du es dir auch mal an, Kurt. Kommt dir dieser Mann bekannt vor?

Hm?

Er könnte es gewesen sein, aber sicher bin ich mir nicht ...

Tut mir leid ...

Ach, was rede ich da? Wie töricht von mir, eine Antwort von Kurt zu erwarten ...

Was hast du jetzt vor, Andreas?

Das ist eine gute Idee.

Ich werde wegen Kurt bei Friedrich nachhaken.

Ich bin wieder da!

Bescheid sagen, dass er morgen nach Paris muss.

Was? Nach Paris?!

Ah, gut, dass du kommst. Fried-rich hat gerade angerufen.

Was wollte er?

Also dann, bis morgen ...

Wau!

Bis dann!

Danke.

Keine Ahnung, hab ich nicht gefragt. Warum willst du das wissen?

Und wann kommt er wieder zurück?

Aber das ist doch alles schon so lange her ...

Und der Hund auf der Jacht? Das kann auch irgendein anderer Hund gewesen sein, oder?

Schon gut ...

TACK

Nein, es war Kurt. Er muss es gewesen sein. Ich glaube, Kurt ist statt Papa nach Hause gekommen.

Mama, ich rufe beim Hafenamt an. Dort erfahre ich bestimmt mehr über die Vergangenheit von Friedrich und Kurt.

RATTER

Ah!

Du musst doch zugeben, dass Kurt kein gewöhnlicher Hund ist, oder?

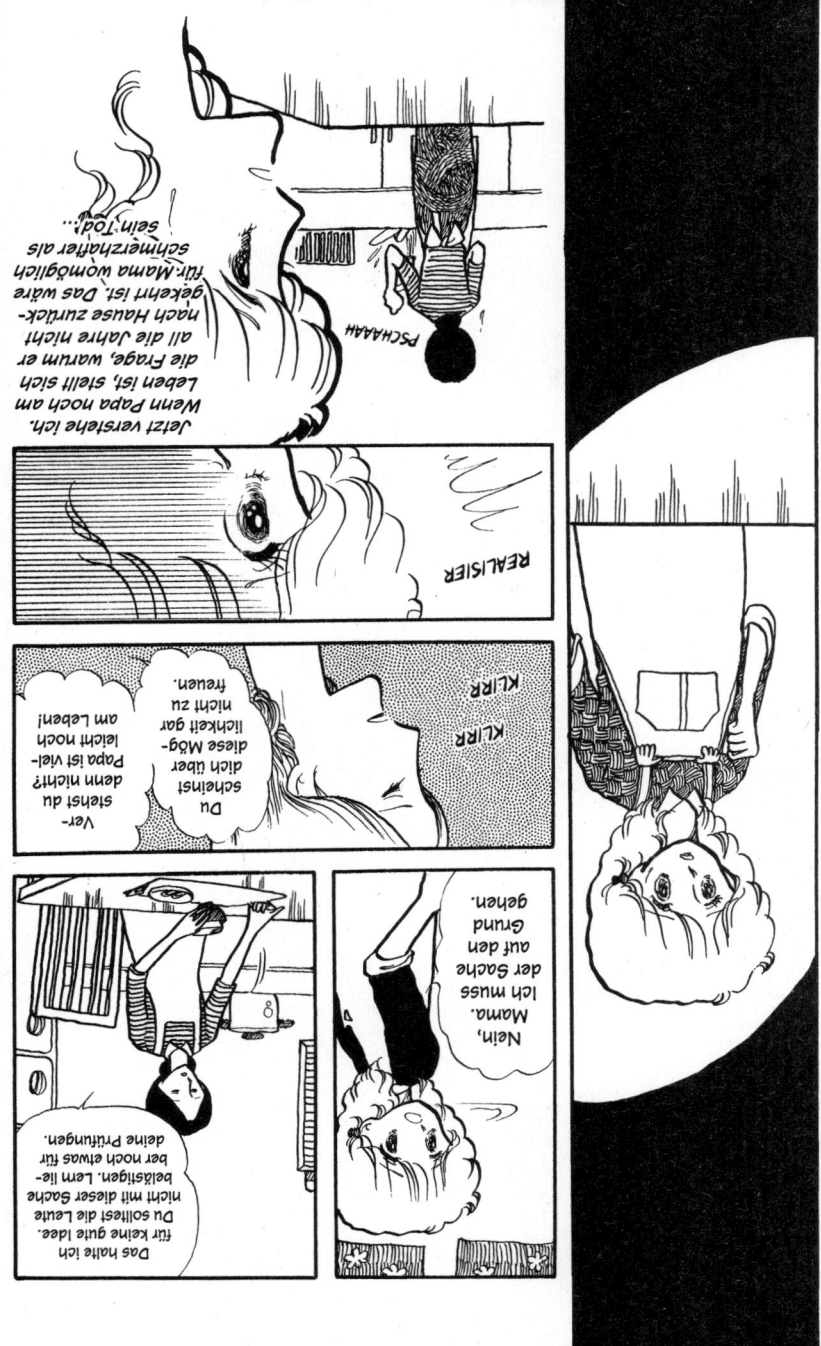

KRITZEL
KRITZEL

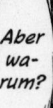

Aber warum?

Wenn Papa noch am Leben ist, warum hat er sich dann nicht bei uns blicken lassen ...?

Warum nur?

Ach, Kurtchen.

KICHER

ZZZ

TICK
TOCK

Das alles verwirrt mich so sehr ...

Vielleicht hat er Mama und mich nicht mehr lieb.

Un- sinn ...

Ich verstehe nicht, warum Papa sich nicht gemeldet hat. Wenn er wirk- lich noch lebt.

In dem Fall wäre es dumm, weiter nach Papa zu suchen. Es würde Mama und mich nur noch trau- riger machen.

Wuff! Wuff! Wuff!

TAPP

Fortsetzung folgt

In diesem Band

Für Anna, die ohne Vater aufwachsen muss, ist ihr liebes Hündchen ihr Ein und Alles. Doch eines Tages wird der Kleine von einem Transporter überfahren. Kurz darauf taucht plötzlich ein anderer, äußerst eigenartiger Hund bei ihr auf ... Sein Name ist Kurt. Die gewiefte Fellnase erobert Schritt für Schritt Annas Herz und bald sind die beiden unzertrennlich. Dies ist eine erfrischende Geschichte mit zarten Zwischentönen.

Über die Autorin

Shizue Takanashi wurde am 31. August im Sternzeichen Jungfrau geboren. Ihre Heimat ist die Stadt Kamogawa in der Präfektur Chiba. 1975 debütierte sie im Nakayoshi-Manga-School-Wettbewerb mit der Geschichte *Momotaro yori ohoshi-sama e* (»Vom Pfirsichjungen Momotaro an die Sterne«). Zu ihren bekanntesten Werken gehören bis heute *Hallo Kurt!*, *Omakase Lunch* (»Such du das Mittagessen aus!«) und *Heart no naishoba-nashi* (»Von den Geheimnissen des Herzens«). Die Künstlerin gewann 1981 mit *Hallo Kurt!* den 5. Kodansha-Manga-Wettbewerb in der Kategorie Shojo.

TOKYOPOP GmbH
Hamburg

TOKYOPOP
1. Auflage, 2025
Deutsche Ausgabe/German Edition
© TOKYOPOP GmbH, Hamburg 2025
Aus dem Japanischen von Noreen Adolf

© 2015 Shunichi Yukimuro / Shizue♡Takanashi
All rights reserved.
First published in Japan in 2015 by KODANSHA LTD., Tokyo.
Publication rights for this German edition arranged
through KODANSHA LTD., Tokyo.

Redaktion: Benjamin Sumfleth, Katrin Aust
Lettering: Vibrant Publishing Studio
Herstellung: Rita Geers
Druck und buchbinderische Verarbeitung:
CPI – Clausen & Bosse GmbH, Leck
Printed in Germany

Wir achten auf die Umwelt.
Dieses Produkt besteht aus FSC®-zertifizierten
und anderen kontrollierten Materialien.

ISBN 978-3-7593-0966-2

www.tokyopop.de

ANNE MIT DEN ROTEN HAAREN

Yumiko Igarashi / L. M. Montgomery

Die Manga-Adaption des Kinderbuchklassikers!

Marilla und ihr Bruder Matthew leben auf der idyllischen Farm Green Gables. Zur Unterstützung bei der Feldarbeit möchten die beiden einen Jungen aus dem Waisenhaus adoptieren. Doch als Matthew ihn vom Bahnhof abholen will, wartet dort ein schmächtiges Mädchen mit roten Haaren auf ihn: Anne Shirley! Gutmütig wie er ist, nimmt er die Kleine auf seiner Kutsche mit. Schon auf dem Weg nach Green Gables merkt Matthew, dass der redselige Rotschopf etwas ganz Besonderes ist. Doch was wird Marilla wohl dazu sagen?

www.tokyopop.de

BIBI & MIYU

Hirara Natsume / Olivia Vieweg

Bibi fliegt nach Japan!

Bibi hat die Nase voll! Erst ein blöder Streit mit ihrem Vater, und dann taucht auch noch eine neue Mitschülerin auf: Miyu aus Japan! Alle können sie sofort total gut leiden. Alle außer Bibi. Denn Miyu verbirgt ein Geheimnis. Es wird Zeit, dem auf den Grund zu gehen! Bibis Reise führt sie direkt nach Japan, ein aufregendes Land voller neuer Regeln und Zauberwesen. Und ganz schnell wird klar: Bibi und Miyu haben das Potenzial, beste Freundinnen zu werden!

www.tokyopop.de

YOTSUBA&!

Kiyohiko Azuma

Tschüss öder Alltag. Hier kommt Yotsuba!

Die Familie Ayase lebt in einer ruhigen Vorstadtgegend mit einem eher langweiligen Alltag. Bis die kleine Yotsuba mit ihrem alleinerziehenden Vater in die Nachbarschaft zieht. Denn das kleine Mädchen mit den grünen Haaren sorgt mit seiner unschuldig-chaotischen und neugierigen Art immer wieder für peinliche, komische und verwirrende Situationen. Yotsuba tanzt allen auf dem Kopf herum, ist dabei aber so liebenswert, dass ihr keiner wirklich lange böse sein kann ...

www.tokyopop.de

CHIIKAWA
nagano

Bereit für ein Abenteuer?!

Chiikawa und der Rest der Rasselbande sind auf Entdeckungstour!
Der kleine Fratz, Hachiware und Usagi sind wahre Leckermäulchen
und zusammen probieren sie sich durch die Vielfalt der japanischen
Küche. Außerdem haben sie es mit überraschend liebenswerten
Rittern zu tun, suchen gemeinsam Schutz vor Gefahren und wehren
sich gegen Unheil stiftende Monster. Die drei sind ein unschlagbares
Team, das man nur gernhaben kann!

www.tokyopop.de

STOPP!

**Dies ist die letzte Seite des Buches!
Du willst dir doch nicht den Spaß verderben
und das Ende zuerst lesen, oder?**

Um die Geschichte unverfälscht und original-
getreu mitverfolgen zu können, musst du es
wie die Japaner machen und von rechts nach
links lesen. Deshalb schnell das Buch um-
drehen und loslegen!

So geht's:

Wenn dies das erste Mal sein
sollte, dass du einen Manga
in den Händen hältst, kann dir
die Grafik helfen, dich zurecht-
zufinden: Fang einfach oben
rechts an zu lesen und arbeite
dich nach unten links vor.
Viel Spaß dabei wünscht dir
TOKYOPOP®!